大方廣佛華嚴經 寫經

2

🪷 일러두기

1. 『사경본 한글역 대방광불화엄경』은 『독송본 한문·한글역 대방광불화엄경』에 수록된 한글역을 사경하는 데 편의를 도모하기 위해 편집을 달리하여 간행한 것이다.

2. 『독송본 한문·한글역 대방광불화엄경』은 실차난타가 한역(695~699)한 80권 『대방광불화엄경』의 한문 원문과 한글역을 함께 수록한 것이다. 한문 저본은 고종 2년(1865) 월정사에서 인경한 고려대장경 『대방광불화엄경』이다.

3. 한글 번역은 동국역경원에서 발간한 한글 『대방광불화엄경』(운허)을 중심으로 하고 『신화엄경합론』(탄허)과 『대방광불화엄경 강설』(여천무비) 그리고 최근의 여타 번역본 등을 참조하였다.

4. 한글 번역은 독송과 사경을 위하여 정확성과 아울러 가독성을 고려하였다. 극존칭은 부처님과 불경계에 대해서만 사용하였다.

5. 사경본의 차례는 일러두기 → 한글역 본문 → 화엄경 목차 → 간행사이며 80권 『대방광불화엄경』의 권별 목차 순으로 독송본과 함께 간행한다. (법공양판에는 간행사 다음에 간행불사 동참자를 밝혀 두었다.)

사경본 한글역
대방광불화엄경 제2권

1. 세주묘엄품 [2]

수미해주

❷

대방광불화엄경 제2권 변상도

_____ 은(는)『대방광불화엄경』을
사경하는 인연공덕으로
『화엄경』이 널리 유통되고
우리 모두 다함께 보리 이루기를 발원하옵니다.

대방광불화엄경
제2권

1. 세주묘엄품 [2]

그 때에 여래의 도량에 대중바다가 다 이미 운집하였다. 가없는 품류들이 두루 가득하였는데 형색과 부류가 각각 다르며, 온 방위를 따라서 세존을 친근하고 일심으로 우러러보았다.

이 모든 회중들은 이미 일체 번뇌와 마음의 때와 그리고 남은 습기를 여의어서, 무거운 장애의 산을 무너뜨리고 부처님을 보는 데 걸림이 없었다.

이와 같음은 다 비로자나여래께서 지난 옛적 많은 겁 동안 보살행을 닦으시어 사섭의 일로써 일찍이 섭수하신 것이다. 낱낱 부처님 처소에서 선근을 심을 때에 다 이미 잘 거두어서 갖가지 방편으로 교화하고 성숙시켜 그들이 일체 지혜의 길에 안립하게 하셨다.

   한량없는 선근을 심어 온갖 큰 복을 얻었으며, 다 이미 방편과 원력 바다에 들어갔으며, 행할 바 행이 구족하여 청정하였으며, 벗어날 길에서 이미 능히 잘 벗어났으며, 항상 부처님을 친견하되 분명하고 밝게 비추어 보았다. 수승하게 이해하는 힘으로 여래 공덕의 큰 바다에 들어가고, 모든 부처님의 해탈문을 얻어서 신통으로 유희하였다.

이른바 묘염해 대자재천왕은 법계와 허공계의 적정한 방편력의 해탈문을 얻었고, 자재명칭광 천왕은 일체 법을 널리 관하여 다 자재한 해탈문을 얻었고, 청정공덕안 천왕은 일체 법의 나지도 않고 멸하지도 않음과 오지도 않고 가지도 않음을 아는 무공용행의 해탈문을 얻었다.

가애락대혜 천왕은 일체 법의 진실한 모습을 환하게 보는 지혜바다의 해탈문을 얻었고, 부동광자재 천왕은 중생들에게 끝없는 안락을 주는 큰 방편과 선정의 해탈문을 얻었고, 묘장엄안 천왕은 적정한 법을 관하여 모든 어리석음의 공포를 멸하게 하는 해탈문을 얻었고, 선사유광명 천왕은 끝없는 경계에 잘 들어가되 일체 모든 존재에 대하여 사유하는 업을 일으키지 않는 해탈문을 얻었다.

가애락대지 천왕은 널리 시방에 가서 법을 설하되 움직이지 않고 의지하는 바가 없는 해탈문을 얻었고, 보음장엄당 천왕은 부처님의 적정 경계에 들어가서 광명을 널리 나타내는 해탈문을 얻었고, 명칭광선정진 천왕은 스스로 깨달은 곳에 머물러 끝없이 광대한 경계로 반연할 바를 삼는 해탈문을 얻었다.

그 때에 묘염해 천왕이 부처님의 위신력을 받들어 일체 자재천의 대중들을 두루 살펴보고 게송을 설하여 말씀하였다.

부처님 몸은
널리 모든 대회에 두루 계시며
법계에 충만하여
끝까지 다함이 없으시니
적멸하여 체성이 없어
취할 수 없으나
세간을 구제하기 위하여
출현하시도다.

여래 법왕께서
세간에 출현하셔서
능히 세간을 비추는

미묘한 법의 등불을 켜시되
경계가 가없고
또한 다함이 없으니
이것은 자재명칭광 천왕이
증득한 바로다.

부처님은 부사의라
분별을 여의셔서
형상은 시방에 없음을
깨달으시고
세상을 위하여
청정한 길을 널리 여시니

이러함은 청정공덕안 천왕이
관해 보았도다.

여래의 지혜는
끝이 없으셔서
일체 세간이
측량할 수 없음이라
중생들의 어리석은 마음을
길이 멸하시니
가애락대혜 천왕이
이에 들어가 깊이 안주하도다.

여래의 공덕이
부사의함이여
중생들이 보면
번뇌가 멸함이라
널리 세간이
안락을 얻게 하시니
부동광자재 천왕이
능히 보았도다.

중생들은 어리석어
항상 미혹에 덮여있어
여래께서 위하여

적정법을 설하시니
이것은 세상을 비추는
지혜의 등불이라
묘장엄안 천왕이
능히 이 방편을 알았도다.

여래의 청정하고
미묘한 색신이시여
널리 시방에 나타나시되
비교할 이 없음이라
이 몸은 체성도 없고
의지하는 곳도 없으시니

선사유광명 천왕이
관찰한 바로다.

여래의 음성은
한계와 걸림이 없으셔서
교화를 받을 이가
듣지 않음이 없으나
부처님은 고요하여
항상 움직이지 않으시니
이것은 가애락대지 천왕의
해탈이로다.

적정하게 해탈하신
천인의 주인이시여
시방에 나타나시지
않은 곳 없어서
광명이 비추어
세간에 가득하시니
이 걸림 없는 법은
보음장엄당 천왕이 보았도다.

부처님은
가없는 큰 겁바다에서
중생들을 위하여

보리를 구하시어

갖가지 신통으로

일체를 교화하시니

명칭광 천왕이

이 법을 깨달았도다.

또 가애락법광명당 천왕은 일체 중생의 근기를 널리 관찰하여 법을 설해서 의심을 끊게 하는 해탈문을 얻었고, 정장엄해 천왕은 생각함을 따라서 부처님을 보게 하는 해탈문을 얻었고, 최승혜광명 천왕은 법의 성품이 평등하여 의지할 바가 없는 장엄한 몸의 해탈문을 얻었고, 자재지혜당 천왕은 일체 세간 법을 요달해 알아서 한순간에 부사의한 장엄바다를 안립하는 해탈문을 얻었다.

낙적정 천왕은 한 모공에 부사의한 부처님 세계를 나타내되 장애가 없는 해탈문을 얻었고, 보지안 천왕은 넓은 문에 들어가서 법계를 관찰하는 해탈문을 얻었고, 낙선혜 천왕은 일체 중생을 위하여 갖가지로 출현하되 가없는 겁 동안 항상 앞에 나타나는 해탈문을 얻었다.

선종혜광명 천왕은 일체 세간의 경계를 관찰하여 부사의한 법에 들어가는 해탈문을 얻었고, 무구적정광 천왕은 일체 중생에게 생사에서 벗어나는 요긴한 법을 보여주는 해탈문을 얻었고, 광대청정광 천왕은 일체 응당 교화해야 할 중생들을 관찰하여 부처님 법에 들어가게 하는 해탈문을 얻었다.

그 때에 가애락법광명당 천왕이 부처님의 위신력을 받들어 일체 소광천과 무량광천과 광과천의 대중들을 널리 살펴보고 게송을 설하여 말씀하였다.

모든 부처님의 경계가
부사의함이여
일체 중생이
능히 측량할 수 없거늘
널리 그 마음에
믿음과 이해를 내게 하시니

광대한 뜻의 즐거움이
끝까지 다함이 없도다.

만약 어떤 중생이
법을 받을 만하면
부처님의 위신력으로
그를 인도하시어
그에게 항상 부처님이
현전함을 보게 하시니
정장엄해 천왕이
이와 같이 보았도다.

일체 법의 성품이
의지하는 바가 없음이라
부처님께서 세간에 나타나심도
또한 그러하여
널리 모든 존재에
의지하는 곳이 없으시니
이 뜻은 최승혜광명 천왕이
능히 관찰하였도다.

모든 중생들의 마음에
하고자 하는 바를 따라서
부처님의 신통력으로

다 능히 나타내시되
각각 차별하여
부사의하니
이것은 자재지혜당 천왕의
해탈바다로다.

과거에 있었던
모든 국토를
한 모공 가운데
다 나타내 보이심이여
이것은 모든 부처님의
큰 신통이시니

낙적정 천왕이
능히 연설하도다.

일체 법문의
다함없는 바다가
한 법의 도량 가운데
함께 모임이여
이러한 법의 성품은
부처님께서 설하신 것이니
보지안 천왕이
능히 이 방편을 밝혔도다.

시방에 있는
모든 국토에
다 그 가운데서
법을 설하시되
부처님 몸은
감도 없고 옴도 없으시니
낙선혜 천왕의
경계로다.

부처님께서 세간법을
그림자같이 관하시고
저 매우 깊고 그윽한 곳까지

들어가셔서
모든 법의 성품이
항상 고요함을 연설하시니
선종혜광명 천왕이
능히 이것을 보았도다.

부처님께서 모든 경계를
잘 요달해 아시어
중생들의 근기 따라
법의 비를 내리셔서
생각하기 어려운
벗어나는 요긴한 문을 여시니

이것은 무구적정광 천왕이
깨달아 들어갔도다.

세존께서
항상 큰 자비로써
중생들을 이익하게 하려고
출현하시어
평등하게 법의 비를 내려
그 그릇을 채우시니
광대청정광 천왕이
능히 연설하도다.

또 청정혜명칭 천왕은 일체 중생의 해탈도를 요달하는 방편의 해탈문을 얻었고, 최승견 천왕은 일체 모든 하늘 대중들의 즐기는 바를 따라서 그림자같이 널리 나타내 보이는 해탈문을 얻었고, 적정덕 천왕은 일체 부처님 경계를 널리 장엄하고 깨끗이 하는 큰 방편의 해탈문을 얻었고, 수미음 천왕은 모든 중생들을 따라서 생사의 바다에 길이 유전하는 해탈문을 얻었다.

정념안 천왕은 여래께서 중생들을 조복하시는 행을 기억하는 해탈문을 얻었고, 가애락보조 천왕은 보문의 다라니바다에서 흘러나오는 해탈문을 얻었고, 세간자재주 천왕은 능히 중생들에게 부처님을 만나서 믿음의 창고를 내게 하는 해탈문을 얻었고, 광염자재 천왕은 능히 일체 중생이 법을 들어서 믿고 기뻐하여 벗어나게 하는 해탈문을 얻었다.

낙사유법변화 천왕은 일체 보살

의 조복하는 행이 허공과 같아서 가없고 다함없는 데 들어가는 해탈문을 얻었고, 변화당 천왕은 중생들의 한량없는 번뇌를 관찰하는 넓은 자비와 지혜의 해탈문을 얻었고, 성수음묘장엄 천왕은 광명을 놓아서 부처님을 나타내어 삼륜으로 거두어 교화하는 해탈문을 얻었다.

그 때에 청정혜명칭 천왕이 부처님의 위신력을 받들어 일체 소정천과 무량정천과 변정천의 대중들을 널리 살펴보고 게송을 설하여 말씀하였다.

　　법의 성품이 걸림 없음을
　　요달해 아시는 이여
　　시방의 한량없는 세계에
　　널리 나타나셔서
　　부처님의 경계가
　　부사의함을 설하시어
　　중생들이 해탈바다에
　　함께 돌아가게 하시도다.

여래께서 세상에 계시되
의지하시는 바가 없음이여
비유하면 그림자가 온갖 국토에
나타나는 것과 같음이라
법의 성품은
구경에 일어남이 없으니
이것은 최승견 천왕이
들어간 문이로다.

한량없는 겁바다에서
방편을 닦으시어
널리 시방의 모든 국토를

깨끗하게 하시되
법계는 여여하여
항상 움직이지 않으니
적정덕 천왕의
깨달은 바로다.

중생들은
어리석음에 덮이고 장애된 바로
눈멀어 어두워
언제나 생사 가운데 있거늘
여래께서
청정한 길로써 보이시니

이것은 수미음 천왕의
해탈이로다.

모든 부처님께서 행하신
위없는 도여
일체 중생은
측량할 수 없음이라
갖가지 방편문으로
보이시니
정념안 천왕이 자세히 관찰하고
다 요달하였도다.

여래께서 항상 쓰시는
총지문은
비유하면 세계바다
티끌 수 같음이라
중생들에게 보이고 가르쳐
일체에 두루하시니
가애락보조 천왕이
이에 능히 들어갔도다.

여래께서 세간에 출현하심은
매우 만나기 어려움이여
한량없는 겁바다에서

한 번 만남이라
능히 중생들에게
믿음과 이해를 내게 하시니
이것은 세간자재주 천왕이
얻은 바로다.

부처님께서 법성이
다 체성 없음을 설하심이여
매우 깊고 광대하고
부사의하여
널리 중생들에게
깨끗한 믿음을 내게 하시니

광염자재 천왕이
능히 잘 알았도다.

삼세 여래의 공덕이
원만하심이여
중생계를 교화하심이
부사의함이라
그것을 사유하고
기쁨을 내게 하시니
이러함은 낙사유법변화 천왕이
능히 연설하였도다.

중생들이
번뇌바다에 빠져서
어리석고 소견이 흐려
매우 두렵거늘
대사께서 불쌍히 여겨
길이 여의게 하시니
이것은 변화당 천왕이
관한 바 경계로다.

여래께서 항상
큰 광명을 놓으시어
낱낱 광명 가운데

한량없는 부처님께서
각각 중생들을 교화하는
일을 나타내시니
이것은 성수음묘장엄 천왕이
들어간 문이로다.

또 가애락광명 천왕은 항상 적정락을 받되 능히 세상에 내려와서 세간의 고통을 소멸하는 해탈문을 얻었고, 청정묘광 천왕은 대비심이 상응하는 바다에서 일체 중생이 기쁘고 즐거워하는 창고 해탈문을 얼었고, 자재음 천왕은 한 생각 가운데 가없는 겁 동안 일체 중생의 복덕의 힘을 널리 나타내는 해탈문을 얻었다.

최승념지 천왕은 널리 이루어지고 머무르고 무너지는 일체 세간으로 하여금 모두 다 허공과 같이 청정하게 하는 해탈문을 얻었고, 가애락정묘음 천왕은 일체 성인의 법을 사랑하고 즐기고 믿고 받아들이는 해탈문을 얻었고, 선사유음 천왕은 능히 겁이 지나도록 머물면서 일체 지위의 뜻과 방편을 연설하는 해탈문을 얻었고, 연장엄음 천왕은 일체 보살이 도솔천궁으로부터 내려와서 태어날 때에 크게 공양하는 방편의 해탈문을 얻었다.

심심광음 천왕은 다함없는 신통과 지혜바다를 관찰하는 해탈문을 얻었고, 광대명칭 천왕은 일체 부처님의 공덕바다가 만족하여 세간에 출현하는 방편력의 해탈문을 얻었고, 최승정광 천왕은 여래께서 지난 옛적의 서원력으로 깊은 믿음

과 사랑과 즐거움을 발생하신 창
고 해탈문을 얻었다.

그 때에 가애락광명 천왕이 부처
님의 위신력을 받들어 일체 소광천
과 무량광천과 극광천의 대중들을
널리 살펴보고 게송을 설하여 말씀
하였다.

내가 생각하니
여래께서 옛적에 행하신 것이
가없는 부처님을

받들어 섬기고 공양하심이니
본래대로의
신심과 청정한 업을
부처님의 위신력으로
지금 다 보도다.

부처님 몸은 형상이 없어서
온갖 더러움을 여읨이라
언제나 자비와 애민의
자리에 머무시어
세간의 근심 걱정을
다 제거하게 하시니

이것은 청정묘광 천왕의
해탈이로다.

부처님의 법은
광대하여 끝이 없어서
일체 세계바다가
그 가운데 나타나되
그 이루어지고 무너짐이
각각 같지 않으니
자재음 천왕의
해탈한 힘이로다.

부처님의 신통력은
더불어 같을 이 없어
시방의 광대한 세계를
널리 나타내시되
다 엄정하게
항상 앞에 나타나게 하시니
최승념지 천왕이
해탈한 방편이로다.

모든 세계바다의
티끌 수같이 많은
여래를 다 공경하고

받들어 섬겨서
법을 듣고 물듦을 여의어
헛되이 하지 않으셨으니
이것은 가애락정묘음 천왕의
법문 작용이로다.

부처님께서
한량없는 큰 겁바다에서
지위와 방편을 설하심이
짝할 이 없어
설하신 것이
가없고 다함없으니

선사유음 천왕이
이 뜻을 알았도다.

여래의 신통변화가
한량없으신 문이여
한순간에
모든 곳에서
탄생하고 성도하는
큰 방편을 나타내시니
이것은 연장엄음 천왕의
해탈이로다.

위신력을 지닌 바로
능히 연설하시며
모든 부처님의
신통한 일을 나타내시어
그 근기와 욕망을 따라서
다 깨끗하게 하시니
이것은 심심광음 천왕의
해탈문이로다.

여래의 지혜는
끝이 없으셔서
세상에서

같음도 없고 집착할 것도 없되
자비심으로 중생들에게 응하여
널리 나타나시니
광대명칭 천왕이
이 도를 깨달았도다.

부처님께서 옛적에
보리행을 닦으시어
시방의 일체 부처님께
공양하시고
낱낱 부처님 처소에서
서원심을 내시니

최승정광 천왕이
듣고 크게 환희하도다.

또 시기 범왕은 널리 시방의 도량 가운데 머물러서 법을 설하되 행하는 바가 청정하여 물들거나 집착함이 없는 해탈문을 얻었고, 혜광 범왕은 일체 중생에게 선삼매에 들어가서 머물게 하는 해탈문을 얻었고, 선사혜광명 범왕은 일체 부사의한 법에 널리 들어가는 해탈문을 얻었다.

보운음 법왕은 모든 부처님의 일체 음성바다에 들어가는 해탈문을 얻었고, 관세언음자재 법왕은 능히 보살의 일체 중생을 교화하는 방편을 기억하는 해탈문을 얻었고, 적정광명안 법왕은 일체 세간 업보의 모습이 각각 차별함을 나타내는 해탈문을 얻었고, 보광명 법왕은 일체 중생의 품류가 차별함을 따라서 다 앞에 나타나 조복하는 해탈문을 얻었다.
　변화음 법왕은 일체 법의 청정한

모습과 적멸한 행의 경계에 머무는 해탈문을 얻었고, 광요안 범왕은 일체 존재에 집착하는 바가 없으며 끝이 없으며 의지함이 없어서 항상 부지런히 출현하는 해탈문을 얻었고, 열의해음 범왕은 다함없는 법을 항상 사유하고 관찰하는 해탈문을 얻었다.

그 때에 시기 대범왕이 부처님의 위신력을 받들어 일체 범신천과 범보천과 범중천과 대범천의 대중들을 널리 살펴보고 게송을 설하여 말씀하였다.

부처님 몸은
청정하고 항상 적멸하시어
광명을 비추어
세간에 두루하시되
형상도 없고 행도 없고
영상도 없음이여
마치 허공의 구름같이
이러하게 보여주시도다.

부처님 몸의
이와 같은 선정 경계여
일체 중생이
측량할 수 없거늘
그 생각하기 어려운
방편문을 보이시니
이것은 혜광 범왕이
깨달은 바로다.

부처님 세계
티끌 수의 법문바다를
한 말로 연설하시어

다 남음이 없되
이같이 겁바다 동안
연설하셔도 끝없음이여
선사혜광명 범왕의
해탈이로다.

모든 부처님의 원만한 음성이
세간과 같으심이여
중생들이 부류를 따라
각각 이해하되
음성에는
분별이 없으시니

보운음 범천왕이
이와 같이 깨달았도다.

삼세의
모든 여래께서
보리에 나아가 들어가시는
방편의 행이여
일체를 다 부처님 몸에
나타내시니
관세언음자재 천왕의
해탈이로다.

일체 중생의 업이
차별함이라
그 원인을 따라 나타남이
갖가지로 다른데
세간에 이와 같이
부처님께서 다 나타나시니
적정광명안 천왕이
능히 깨달아 들어갔도다.

한량없는 법문에
다 자재하시어
중생들을 조복하여

시방에 두루하시되
또한 그 가운데 분별을
일으키지 않으시니
이것은 보광명 범왕의
경계로다.

부처님 몸은 허공 같아서
다함이 없음이라
형상 없고 걸림 없어
시방에 두루하시되
응하여 나타남이
다 환화와 같으시니

변화음 천왕이
이 도를 깨달았도다.

여래의 몸 모습은
끝이 없으시며
지혜와 음성도
이와 같으셔서
세상에 형상을 나타내되
집착이 없으시니
광요안 천왕이
이 문에 들어갔도다.

법왕께서 미묘한 법의 궁전에
편안히 계시어
법신의 광명이
비추지 않음이 없으시되
법의 성품은 견줄 데 없고
모든 형상도 없으시니
이것은 열의해음 천왕의
해탈이로다.

또 자재 천왕은 눈앞에서 한량 없는 중생들을 성숙시켜 자재하게 하는 창고 해탈문을 얻었고, 선목

주 천왕은 일체 중생의 즐거움을 관찰하여 성인 경계의 즐거움에 들어가게 하는 해탈문을 얻었고, 묘보당관 천왕은 모든 중생들의 갖가지 욕망과 이해를 따라서 행을 일으키게 하는 해탈문을 얻었다.

용맹혜 천왕은 일체 중생을 위하여 설하신 바의 뜻을 널리 거두어 들이는 해탈문을 얻었고, 묘음구 천왕은 여래의 광대한 자비를 기억해서 자신의 행할 바를 증진시키는 해탈문을 얻었고, 묘광당 천왕은 대비의 문을 나타내 보여서 일체 교만의 깃대를 꺾어 없애는 해탈문을 얻었고, 적정경 천왕은 일체 세간의 성내어 해치는 마음을 조복하는 해탈문을 얻었다.

묘륜장엄당 천왕은 시방의 가없는 부처님께서 기억을 따라서 다 오시는 해탈문을 얻었고, 화광혜 천왕은 중생들의 생각을 따라서 정각 이룸을 널리 나타내는 해탈문을 얻었고, 인다라묘광 천왕은 일체 세간에 널리 들어가는 큰 위력이 자재한 법의 해탈문을 얻었다.

그 때에 자재 천왕이 부처님의 위신력을 받들어 일체 자재천의 대중들을 두루 살펴보고 게송을 설하여 말씀하였다.

부처님 몸이 두루하여
법계와 같으셔서
널리 중생들에게 응하여
다 앞에 나타나심이라
갖가지 가르침으로

항상 교화하시어
법에 자재하게
능히 깨닫게 하시도다.

세간에 있는
갖가지 즐거움 중에
성스러운 적멸락이
가장 수승하여
광대한 법성 가운데
머물게 하시니
선목주 천왕이
이것을 관해 보았도다.

여래께서 출현하여
시방에 두루하심이여
널리 중생들의 마음에 응하여
법을 설하셔서
일체 의심을
다 끊어 없애주시니
이것은 묘보당관 천왕의
해탈문이로다.

모든 부처님께서 세상에 두루하여
묘음을 연설하심이여
한량없는 겁 동안

설하신 법을
능히 한 말로써
모두 다 설하시니
용맹혜 천왕의
해탈이로다.

세간에 있는
광대한 자애로움이
여래의 한 털끝만치도
미치지 못함이라
부처님의 자애는
허공과 같아 다할 수 없으시니

이것은 묘음구 천왕의
얻은 바로다.

일체 중생의
교만의 높은 산을
십력으로 꺾어버려
다 남음이 없음이여
이것은 여래의
대비 작용이시니
묘광당 천왕이
행한 바 도로다.

지혜의 광명이 청정하여
세간에 충만하심이여
만약 보는 이가 있으면
어리석음을 제거하여
그들에게 모든 악도를
멀리 여의게 하시니
적정경 천왕이
이 법을 깨달았도다.

모공의 광명이
중생들의 수와 같은
모든 부처님의 명호를

능히 연설하시어
그 즐기는 바를 따라서
다 듣게 하시니
이것은 묘륜장엄당 천왕의
해탈이로다.

여래의 자재하심을
헤아릴 수 없음이여
법계와 허공에
다 충만하시어
일체 대중모임이
모두 밝게 보게 하시니

이 해탈문은
화광혜 천왕이 들어갔도다.

한량없고 가없는
큰 겁바다 동안
널리 시방에 나타나
법을 설하시되
부처님의 가고 오심을
일찍이 보지 못하였으니
이것은 인다라묘광 천왕이
깨달은 바로다.

또 선화 천왕은 일체 업의 변화하는 힘을 열어 보이는 해탈문을 얻었고, 적정음광명 천왕은 일체 반연을 버리고 여의는 해탈문을 얻었고, 변화력광명 천왕은 널리 일체 중생의 어리석은 마음을 소멸하여 지혜가 원만하게 하는 해탈문을 얻었다.

장엄주 천왕은 가없이 기쁜 뜻의 소리를 나타내 보이는 해탈문을 얻었고, 염광 천왕은 일체 부처님의 다함없는 복덕의 모습을 요달해 아는 해탈문을 얻었고, 최상운음 천왕은 과거의 일체 겁이 이루어지고 무너지는 차제를 널리 아는 해탈문을 얻었고, 승광 천왕은 일체 중생을 깨닫게 하는 지혜의 해탈문을 얻었다.

묘계 천왕은 광명을 펴서 시방 허공계에 빨리 가득 차게 하는 해탈문을 얻었고, 희혜 천왕은 일체 짓는 바를 능히 무너뜨릴 수 없는 정진력의 해탈문을 얻었고, 화광계 천왕은 일체 중생이 업으로 받는

과보를 아는 해탈문을 얻었고, 보견시방 천왕은 부사의한 중생들의 형상과 부류가 차별함을 나타내 보이는 해탈문을 얻었다.

그 때에 선화 천왕이 부처님의 위신력을 받들어 일체 선화천의 대중들을 널리 살펴보고 게송을 설하여 말씀하였다.

세간 업의 성품이
 부사의함을

부처님께서 중생들을 위하여
다 열어 보이시되
인연의
진실한 이치와
일체 중생의 차별한 업을
잘 설하시도다.

갖가지로 부처님을 관해도
계시는 곳 없고
시방에서 찾아 구해도
얻을 수 없음이라
법신으로 나타내 보이심도

진실이 아니니
이 법은 적정음광명 천왕이
본 바로다.

부처님께서 겁바다에
모든 행을 닦으신 것은
세간의 어리석은 미혹을
멸하시기 위함이라
그러므로 청정하게
가장 밝게 비추시니
이것은 변화력광명 천왕이
마음에 깨달은 바로다.

세간에 있는 바
미묘한 음성이
여래의 음성에는
비할 수 없음이라
부처님께서 한 음성으로
시방에 두루하시니
이 해탈에 들어간 이는
장엄주 천왕이로다.

세간에 있는 바
온갖 복력이
여래의 한 모습과

같지 못함이라
여래의 복덕은
허공과 같으시니
이것은 염광 천왕이
관하여 본 바로다.

삼세의 있는 바
한량없는 겁 동안
그같이 이루어지고 무너지는
갖가지 모양을
부처님의 한 모공에
다 능히 나타내시니

최상운음 천왕이
요달해 안 바로다.

시방의 허공은
양을 알 수 있으나
부처님의 모공은
양을 얻을 수 없으니
이와 같이
걸림 없고 부사의함을
묘계 천왕이
이미 능히 깨달았도다.

부처님께서
옛적 한량없는 겁 동안
광대한 바라밀을
갖추어 닦으셔서
부지런히 행하고 정진하여
게으름이 없으셨으니
희혜 천왕이
이 법문을 능히 알았도다.

업성의 인연은
불가사의라
부처님께서

세간을 위하여
법성이 본래 깨끗해
모든 때가 없음을 다 연설하시니
이것은 화광계 천왕이
들어간 곳이로다.

그대들은 응당
부처님의 한 모공을 관하라
일체 중생이
다 그 가운데 있으나
그들은 오지도 아니하고
가지도 아니하니

이것은 보견시방 천왕이
요달한 바로다.

또 지족 천왕은 일체 부처님께서 세상에 출현하여 교법을 원만하게 하시는 해탈문을 얻었고, 희락해계 천왕은 온 허공계가 청정한 광명의 몸인 해탈문을 얻었고, 최승공덕당 천왕은 세간의 괴로움을 소멸하는 청정한 원력바다의 해탈문을 얻었다.

적정광 천왕은 널리 몸을 나타내

어 법을 설하는 해탈문을 얻었고, 선목 천왕은 널리 일체 중생계를 청정하게 하는 해탈문을 얻었고, 보봉월 천왕은 널리 세간을 교화하여 항상 눈앞에 무진장을 나타내는 해탈문을 얻었고, 용건력 천왕은 일체 부처님의 정각 경계를 열어 보이는 해탈문을 얻었다.

금강묘광 천왕은 일체 중생의 보리심을 견고히 하여 무너지지 않게 하는 해탈문을 얻었고, 성수당 천왕은 일체 부처님께서 출현하심에

다 친근하고 관찰하여 중생들을 조복하는 방편의 해탈문을 얻었고, 묘장엄 천왕은 한 생각에 중생들의 마음을 다 알아서 근기에 따라 응하여 나타나는 해탈문을 얻었다.

그 때에 지족 천왕이 부처님의 위신력을 받들어 일체 지족천의 대중들을 널리 살펴보고 게송을 설하여 말씀하였다.

여래께서 광대하여

법계에 두루하시어
모든 중생들에게
다 평등하시며
널리 유정들에게 응하여
미묘한 문을 여셔서
생각하기 어려운 청정한 법에
들어가게 하시도다.

부처님 몸은
시방에 널리 나타나시어
집착도 없고 걸림도 없어
취할 수 없으나

갖가지 색상을
세상에서 다 보니
이것은 희락해계 천왕이
들어간 바로다.

여래께서 지난 옛적
모든 행을 닦으심에
청정한 큰 서원이
바다같이 깊으셔서
일체 부처님의 법을
다 원만하게 하시니
최승공덕당 천왕이

이 방편을 능히 알았도다.

여래의 법신이
부사의함이여
그림자처럼 형상을 나누어
법계와 같으셔서
곳곳에
일체 법을 열어 밝히시니
적정광 천왕의
해탈문이로다.

중생들은 업과 미혹에

얽히고 덮인 바로
교만하고 방일하여
마음이 방탕하거늘
여래께서 위하여
적정법을 설하시니
선목 천왕이 비추어 알고
마음에 기뻐하도다.

일체 세간의
참 도사시여
구원하고 귀의케 하려고
출현하셔서

중생들에게 안락한 곳을
널리 보이시니
보봉월 천왕이
이에 깊이 들어갔도다.

모든 부처님의 경계가
부사의함이여
일체 법계에
다 두루하시어
모든 법에 들어가서
피안에 이르시니
용건력 천왕이

이것을 보고 환희하도다.

만약 어떤 중생이
교화를 받을 만하여
부처님의 공덕을 듣고
보리에 나아가면
복바다에 머물러
항상 청정하게 하시니
금강묘광 천왕이
이를 능히 관찰하였도다.

시방 세계바다의

티끌 수 같은
일체 부처님 처소에
다 가서 모여
공경하고 공양하며
법문을 들음이여
이것은 성수당 천왕이
본 바로다.

중생들의 마음바다가
부사의함이여
머무름도 없고 움직임도 없고
의지할 곳도 없거늘

부처님께서
한 생각에 다 밝게 보시니
묘장엄 천왕이
이것을 잘 요달하였도다.

또 시분 천왕은 일체 중생의 선근을 일으켜서 근심과 고뇌를 길이 여의게 하는 해탈문을 얻었고, 묘광 천왕은 널리 일체 경계에 들어가는 해탈문을 얻었고, 무진혜공덕당 천왕은 일체 근심을 멸하여 없애는 대비륜의 해탈문을 얻었다.

선화단엄 천왕은 삼세 일체 중생의 마음을 요달해 아는 해탈문을 얻었고, 총지대광명 천왕은 다라니문의 광명으로 일체 법을 기억해 지녀서 잊어버리지 않는 해탈문을 얻었고, 부사의혜 천왕은 일체 업의 자성에 잘 들어가는 부사의한 방편의 해탈문을 얻었고, 윤제 천왕은 법륜을 굴려서 중생들을 성숙시키는 방편의 해탈문을 얻었다.

광염 천왕은 광대한 눈으로 널리 중생들을 관찰하여 가서 조복하는 해탈문을 얻었고, 광조 천왕은 일체 업장에서 벗어나 마군이 하는 것을 따르지 않는 해탈문을 얻었고, 보관찰대명칭 천왕은 일체 모든 하늘 대중들을 잘 가르쳐서 하여금 받아 행하여 마음이 청정하게 하는 해탈문을 얻었다.

그 때에 시분 천왕이 부처님의 위신력을 받들어 일체 시분천의 대중들을 널리 살펴보고 게송을 설하여 말씀하였다.

부처님께서
한량없는 오랜 겁 동안
이미 세간의 근심과 고뇌바다를
말려 없애시고
번뇌를 여읜 청정한 길을
널리 여시어
중생들에게 지혜의 등불을
길이 비추시도다.

여래의 법신은
매우 광대하시어
시방에서

그 끝을 얻을 수 없음이라
일체 방편이
한량이 없으시니
묘광 천왕이
지혜로 능히 들어갔도다.

생로병사와
근심과 슬픔의 고통이
세간을 핍박하여
잠시도 쉼이 없거늘
대사께서 애민히 여겨
맹세코 다 없애주시니

무진혜공덕당 천왕이
능히 깨달았도다.

부처님의 환과 같은 지혜가
걸리는 바 없음이여
삼세의 법에
다 밝게 통달하시어
널리 중생들의
심행 가운데 들어가시니
이것은 선화단엄 천왕의
경계로다.

총지의 끝을
얻을 수 없으며
변재의 큰 바다도
다함이 없으셔서
청정하고 미묘한 법륜을
능히 굴리시니
이것은 총지대광명 천왕의
해탈이로다.

업의 성품이 광대하여
끝까지 다함이 없음을
지혜로 깨달아

잘 열어 보이시니
일체 방편이
부사의함이여
이러함은 부사의혜 천왕이
들어간 바로다.

부사의하고 미묘한
법륜을 굴리시어
닦아 익힌 보리도를
나타내 보이셔서
일체 중생의 고통을
길이 멸하시니

이것은 윤제 천왕의
방편이로다.

여래의 진신은
본래 둘이 없으나
중생에게 응하여 형상을 따라서
세간에 충만하시어
중생들이 각기
그 앞에 계심을 보니
이것은 광염 천왕의
경계로다.

만약 어떤 중생이
한 번 부처님을 보면
반드시 모든 업장을
깨끗이 없애고
모든 마군의 업을 여의어
길이 남음이 없게 하시니
광조 천왕이
행한 바 도로다.

일체 대중모임의
광대한 바다에서
부처님께서 그 가운데

가장 위엄 있고 빛나시며
법비를 널리 내려
중생들을 윤택하게 하시니
이 해탈문은
보관찰대명칭 천왕이 들어갔도다.

또 석가인다라 천왕은 삼세 부처님께서 출현하심과 내지 세계가 이루어지고 무너짐을 기억해서 다 밝게 보아 크게 환희하는 해탈문을 얻었고, 보칭만음 천왕은 부처님의 색신이 가장 청정하고 광대하여 세상에서 능히 비교할 수 없게 하는 해탈문을 얻었고, 자목보계 천왕은 자애의 구름이 널리 덮는 해탈문을 얻었다.

보광당명칭 천왕은 부처님께서 일체 세주 앞에 갖가지 형상으로 위덕의 몸을 나타내시는 것을 항상 보는 해탈문을 얻었고, 발생희락계 천왕은 일체 중생의 성읍과 궁전이 무슨 복업으로부터 생겼는지를 아는 해탈문을 얻었고, 단정념 천왕은 모든 부처님께서 중생들을 성숙시키시는 일을 열어 보이는 해탈문을 얻었고, 고승음 천왕은 일체 세간이 이루어지고 무너지는 겁의 전변하는 모습을 아는 해탈문을 얻었다.

성취념 천왕은 당래의 보살이 중생들을 조복하는 행을 기억하는 해탈문을 얻었고, 정화광 천왕은 일체 모든 하늘의 쾌락의 원인을 요달해 아는 해탈문을 얻었고, 지일안 천왕은 일체 모든 천자들이 받아 태어나는 선근을 열어 보여서 어리석은 미혹이 없게 하는 해탈문을 얻었고, 자재광명 천왕은 일체 모든 하늘 대중들을 깨우쳐서 갖가지 의심을 길이 끊게 하는 해탈문을 얻었다.

그 때에 석가인다라 천왕이 부처님의 위신력을 받들어 일체 삼십삼천의 대중들을 널리 살펴보고 게송을 설하여 말씀하였다.

내가 생각하니
삼세 일체 부처님의

있는 바 경계가
다 평등하시니
그와 같이 국토가
무너지고 이루어짐을
부처님의 위신력으로
다 보도다.

부처님 몸이 광대하여
시방에 두루하시어
미묘한 색은 비할 데 없어
중생들을 이롭게 하시며
광명은 빛나서

미치지 않음이 없으시니
이 도는 보칭만음 천왕이
능히 관해 보았도다.

여래의 방편과
큰 자애바다여
지난 겁의 수행으로
지극히 청정하셔서
중생들을 교화하여
인도하심이 끝이 없으니
자목보계 천왕이
이것을 깨달았도다.

내가 생각하니
법왕의 공덕바다가
세상에서 가장 높아
더불어 같음이 없으셔서
광대한 환희심을
내게 하시니
이것은 보광당명칭 천왕의
해탈이로다.

부처님께서
중생들의 선업바다에서
갖가지 수승한 인으로

큰 복 냄을 아시고
다 나타내어
남음이 없게 하시니
이것은 발생희락계 천왕이
본 바로다.

모든 부처님께서
시방에 출현하시어
일체 세간 가운데
널리 두루하셔서
중생들의 마음을 관찰하여
조복함을 보이시니

단정념 천왕이
이 도를 깨달았도다.

여래의 지혜 몸과
광대한 눈이시여
티끌 수 세계를
보시지 못함이 없음이라
이와 같이
시방에 널리 두루하시니
이것은 고승음 천왕의
해탈이로다.

일체 불자의
보리행을
여래께서 모공 가운데
다 나타내시되
그와 같이 한량없이
다 구족하시니
이것은 성취념 천왕이
밝게 본 바로다.

세간에 있는
안락한 일이여
일체가 다

부처님으로부터 출생함이라
여래의 공덕이
수승하여 같음이 없으시니
이 해탈처는
정화광 천왕이 들어갔도다.

만약 여래의
적은 공덕을 생각하여
잠깐만이라도
마음으로 오로지 우러르면
모든 악도의 두려움이
다 영원히 제거되니

지일안 천왕이
이에 깊이 깨달았도다.

적멸법 가운데
큰 신통이시여
중생심에 널리 응하여
두루하지 않음이 없으셔서
있는 바 의혹을
다 끊게 하시니
이것은 자재광명 천왕이
얻은 바로다.

또 일 천자는 청정한 광명으로 시방의 중생들을 널리 비추어 미래 겁이 다하도록 항상 이익케 하는 해탈문을 얻었고, 광염안 천자는 일체 부류를 따르는 몸으로 중생들을 깨우쳐서 지혜바다에 들어가게 하는 해탈문을 얻었고, 수미광 환희당 천자는 일체 중생의 주인이 되어 가없는 청정한 공덕을 부지런히 닦게 하는 해탈문을 얻었다.

정보월 천자는 일체 고행을 닦되 깊은 마음으로 환희하는 해탈문을 얻었고, 용맹불퇴전 천자는 걸림 없는 광명을 널리 비추어 일체 중생이 그 정기를 더하게 하는 해탈문을 얻었고, 묘화영광명 천자는 청정한 광명으로 중생들의 몸을 널리 비추어 환희로운 신심과 이해바다를 내게 하는 해탈문을 얻었고, 최승당광명 천자는 광명으로 일체 세간을 널리 비추어 갖가지 미묘한 공덕을 갖추게 하는 해탈문을 얻었다.

보계보광명 천자는 큰 자비바다로 가없는 경계의 갖가지 색상의

보배를 나타내는 해탈문을 얻었고, 광명안 천자는 일체 중생의 눈을 깨끗하게 다스려서 법계장을 보게 하는 해탈문을 얻었고, 지덕 천자는 청정하게 상속하는 마음을 내어 잃어버리거나 무너지지 않게 하는 해탈문을 얻었고, 보운행광명 천자는 태양의 궁전을 널리 운전해서 시방의 일체 중생을 비추어 짓는 바 업을 성취하게 하는 해탈문을 얻었다.

그 때에 일 천자가 부처님의 위신력을 받들어 일체 일천자의 대중들을 두루 살펴보고 게송을 설하여 말씀하였다.

여래의
광대한 지혜광명이
시방의 모든 국토를
널리 비추시니
일체 중생이 모두
부처님의
갖가지 조복하시는

많은 방편을 보도다.

여래의 색상은
끝이 없음이라
그 즐기는 바를 따라서
다 몸을 나타내시어
널리 세간을 위하여
지혜바다를 펼치시니
광염안 천자가
이와 같이 부처님을 보았도다.

부처님 몸은 같을 이도 없고

비할 데도 없음이라
광명이 비추어
시방에 두루하셔서
일체를 뛰어넘어
가장 높으시니
이러한 법문은
수미광환희당 천자가 얻었도다.

세간을 이롭게 하려고
고행을 닦으시어
모든 존재에 왕래하신 것이
한량없는 겁이로되

광명이 두루 청정하여
허공과 같으시니
정보월 천자가
능히 이 방편을 알았도다.

부처님께서 묘음을 펴시되
장애가 없음이여
널리 시방의 모든 국토에
두루하시어
법의 자미로써
중생들을 이익케 하시니
용맹불퇴전 천자가

능히 이 방편을 알았도다.

광명그물을 놓으심이
부사의함이여
널리 일체 모든 함식들을
깨끗하게 하시어
다 깊은 신심과 이해를
내게 하시니
이것은 묘화영광명 천자가
들어간 문이로다.

세간에 있는

모든 광명이
부처님 한 모공 광명에도
미치지 못함이라
부처님의 광명이
이같이 부사의함이여
이것은 최승당광명 천자의
해탈이로다.

일체 모든 부처님의 법이
이와 같음이여
다 보리수왕 아래에
앉으셔서

도에 이르지 못한 이를
도에 머무르게 하시니
보계보광명 천자가
이와 같이 보았도다.

중생들이 눈멀고 어리석어
고통을 받으므로
부처님께서 그들에게
깨끗한 눈이 생기게 하심이라
그러므로
지혜의 등불을 밝히시니
광명안 천자가

이에 깊이 관찰하였도다.

해탈과 방편이
자재하신 존귀한 분을
만약 일찍이 친견하고
한 번만 공양 올려도
모두 수행이
불과에 이르게 하시니
이것은 지덕 천자의
방편력이로다.

한 법문 가운데

한량없는 문을
한량없는 천 겁 동안
이와 같이 설하시니
연설하신 법문의
광대한 뜻이여
보운행광명 천자가
깨달은 바로다.

또 월 천자는 청정한 광명으로 법계를 널리 비추어 중생들을 거두어 교화하는 해탈문을 얻었고, 화왕계광명 천자는 일체 중생계를 관찰하여 가없는 법에 널리 들어가게 하는 해탈문을 얻었고, 중묘정광 천자는 일체 중생의 마음바다가 갖가지 반연으로 전변함을 요달해 아는 해탈문을 얻었다.

안락세간심 천자는 일체 중생에게 불가사의한 즐거움을 주어서 뛸 듯이 크게 환희하게 하는 해탈문을 얻었고, 수왕안광명 천자는 농부가 농사를 지음에 종자와 싹과 줄기 등을 때를 따라 지키고 보호하여 성취케 하는 해탈문을 얻었고, 출현정광 천자는 자비로 일체 중생을 구호하여 고통 받고 즐거움 받는 일을 환히 보게 하는 해탈문을 얻었다.

보유부동광 천자는 능히 청정한 달을 지녀서 시방에 널리 나타내는 해탈문을 얻었고, 성수왕자재 천자는 일체 법이 환과 같고 허공과 같아서 형상도 없고 자성도 없음을 열어 보이는 해탈문을 얻었고, 정각월 천자는 널리 일체 중생을 위하여 큰 업의 작용을 일으키는 해탈문을 얻었고, 대위덕광명 천자는 일체 의혹을 널리 끊는 해탈문을 얻었다.

그 때에 월 천자가 부처님의 위신력을 받들어 일체 월궁전 가운데 모든 하늘 대중모임을 널리 살펴보고 게송을 설하여 말씀하였다.

부처님께서 광명을 놓아
세간에 두루하시어
시방의 모든 국토를

밝게 비추시며
부사의하고 광대한 법을
연설하셔서
중생들의 어리석음과 미혹을
영원히 깨뜨리시도다.

경계가 가없고
다함도 없어서
한량없는 겁 동안
항상 열어 인도하시되
갖가지로 자재하게
중생들을 교화하시니

화왕계광명 천자가
이와 같이 부처님을 보도다.

중생들의 마음바다가
생각생각 다름을
부처님의 지혜는
넓고 넓어 다 요달해 아셔서
널리 법을 설하여
환희하게 하시니
이것은 중묘정광 천자의
해탈이로다.

중생들은
성스러운 안락이 없어서
악도에 빠져
모든 고통을 받거늘
여래께서
그들에게 법성의 문을 보이시니
안락세간심 천자가
사유하여 이렇게 보았도다.

여래의
희유하신 대자비시여
중생들을 이롭게 하려고

모든 존재에 들어가셔서
법을 설하고 선행을 권하여
성취하게 하시니
이것은 수왕안광명 천자가
요달해 알았도다.

세존께서
법의 광명을 여시어
세간의
모든 업의 성품인
선악의 행한 바가
없어지지 않음을 분별해 주시니

출현정광 천자가
이것을 보고 환희심을 내도다.

부처님께서
일체 복의 의지할 바가 되심이
마치 대지가
궁전을 유지함과 같아서
근심을 여읜 안온한 길을
잘 보여주시니
보유부동광 천자가
능히 이 방편을 알았도다.

지혜의 불이 크게 밝아
법계에 두루하며
형상을 나타내심이 무수하여
중생들과 같아서
널리 일체를 위하여
진실을 열어 보이시니
성수왕자재 천자가
이 도를 깨달았도다.

부처님은 허공과 같아서
자성이 없으나
중생들을 이롭게 하려고

세간에 나타나시니
상호와 장엄이
영상과 같음이라
정각월 천자가
이와 같이 보았도다.

부처님 몸의 모공에서
널리 소리를 내심이여
법구름이 세상을 덮어
다 남음이 없음이라
듣는 이들이
환희를 내지 않음이 없으니

이러한 해탈은
대위덕광명 천자가 깨달았도다.

〈대방광불화엄경 제2권〉

회향송

아차보현수승행
무변승복개회향
보원침익제중생
속왕무량광불찰

시방삼세일체불
제존보살마하살
마하반야바라밀

廻向頌

我此普賢殊勝行
無邊勝福皆迴向
普願沈溺諸眾生
速往無量光佛剎

十方三世一切佛
諸尊菩薩摩訶薩
摩訶般若波羅蜜

大方廣佛華嚴經 — 부록

- 대방광불화엄경 목차
- 간행사

대방광불화엄경 목차

〈제1회〉

제1권	제1품	세주묘엄품 [1]
제2권	**제1품**	**세주묘엄품 [2]**
제3권	제1품	세주묘엄품 [3]
제4권	제1품	세주묘엄품 [4]
제5권	제1품	세주묘엄품 [5]
제6권	제2품	여래현상품
제7권	제3품	보현삼매품
	제4품	세계성취품
제8권	제5품	화장세계품 [1]
제9권	제5품	화장세계품 [2]
제10권	제5품	화장세계품 [3]
제11권	제6품	비로자나품

〈제2회〉

제12권	제7품	여래명호품
	제8품	사성제품
제13권	제9품	광명각품
	제10품	보살문명품
제14권	제11품	정행품
	제12품	현수품 [1]
제15권	제12품	현수품 [2]

〈제3회〉

제16권	제13품	승수미산정품
	제14품	수미정상게찬품
	제15품	십주품
제17권	제16품	범행품
	제17품	초발심공덕품
제18권	제18품	명법품

〈제4회〉

제19권 제19품 승야마천궁품

　　　　제20품 야마궁중게찬품

　　　　제21품 십행품 [1]

제20권 제21품 십행품 [2]

제21권 제22품 십무진장품

〈제5회〉

제22권 제23품 승도솔천궁품

제23권 제24품 도솔궁중게찬품

　　　　제25품 십회향품 [1]

제24권 제25품 십회향품 [2]

제25권 제25품 십회향품 [3]

제26권 제25품 십회향품 [4]

제27권 제25품 십회향품 [5]

제28권 제25품 십회향품 [6]

제29권 제25품 십회향품 [7]

제30권 제25품 십회향품 [8]

제31권 제25품 십회향품 [9]

제32권 제25품 십회향품 [10]

제33권 제25품 십회향품 [11]

〈제6회〉

제34권 제26품 십지품 [1]

제35권 제26품 십지품 [2]

제36권 제26품 십지품 [3]

제37권 제26품 십지품 [4]

제38권 제26품 십지품 [5]

제39권 제26품 십지품 [6]

〈제7회〉

제40권 제27품 십정품 [1]

제41권 제27품 십정품 [2]

제42권 제27품 십정품 [3]

제43권 제27품 십정품 [4]

제44권 제28품 십통품

　　　　제29품 십인품

제45권 제30품 아승지품

　　　　제31품 수량품

　　　　제32품 제보살주처품

제46권 제33품 불부사의법품 [1]

제47권 제33품 불부사의법품 [2]

제48권	제34품	여래십신상해품
	제35품	여래수호광명공덕품
제49권	제36품	보현행품
제50권	제37품	여래출현품 [1]
제51권	제37품	여래출현품 [2]
제52권	제37품	여래출현품 [3]

〈제8회〉

제53권	제38품	이세간품 [1]
제54권	제38품	이세간품 [2]
제55권	제38품	이세간품 [3]
제56권	제38품	이세간품 [4]
제57권	제38품	이세간품 [5]
제58권	제38품	이세간품 [6]
제59권	제38품	이세간품 [7]

〈제9회〉

제60권	제39품	입법계품 [1]
제61권	제39품	입법계품 [2]
제62권	제39품	입법계품 [3]
제63권	제39품	입법계품 [4]
제64권	제39품	입법계품 [5]
제65권	제39품	입법계품 [6]
제66권	제39품	입법계품 [7]
제67권	제39품	입법계품 [8]
제68권	제39품	입법계품 [9]
제69권	제39품	입법계품 [10]
제70권	제39품	입법계품 [11]
제71권	제39품	입법계품 [12]
제72권	제39품	입법계품 [13]
제73권	제39품	입법계품 [14]
제74권	제39품	입법계품 [15]
제75권	제39품	입법계품 [16]
제76권	제39품	입법계품 [17]
제77권	제39품	입법계품 [18]
제78권	제39품	입법계품 [19]
제79권	제39품	입법계품 [20]
제80권	제39품	입법계품 [21]

간 행 사

    귀의삼보 하옵고,

    『대방광불화엄경』의 수지 독송과 유통을 발원하면서 수미정사 불전연구원에서 『독송본 한문·한글역 대방광불화엄경』과 『사경본 한글역 대방광불화엄경』을 편찬하여 간행하게 되었습니다.

    『화엄경』은 우리나라에 전래된 이래 일찍부터 사경되고 주석·강설되어 왔으며 근현대에 이르러서는 『화엄경』의 한글 번역과 연구도 부쩍 많이 이루어졌습니다. 그만큼 『화엄경』이 우리 불자님들의 신행과 해탈에 큰 의지처가 되었던 것임을 알 수 있습니다.

    『화엄경』을 독송하고 사경하는 공덕은 설법 공덕과 함께 크게 강조되어 왔습니다. 그리하여 수미정사 불전연구원에서도 『화엄경』(80권)을 독송하고 사경하는 데 도움이 되도록 한문 원문과 한글역을 함께 수록한 독송본과 한글역의 사경본 『화엄경』 간행불사를 발원하였습니다. 이 『화엄경』 간행불사에 뜻을 같이하여 적극 후원해주신 스님들과 재가 불자님들께 깊이 감사드립니다. 또한 『화엄경』을 수지 독송할 수 있도록 경책의 모습으로 장엄해 주신 편집위원들과 담앤북스 출판사 관계자들께도 고마움을 표합니다.

    끝으로 이 불사의 원만 회향으로 『화엄경』이 널리 유통되고, 온 법계에 부처님의 가피가 충만하시길 기원드립니다.

    나무 대방광불화엄경

                                        불기 2564년 '부처님오신날'을 봉축하며
                                                        수미해주 합장

위태천신(동진보살)

수미해주 須彌海住

동국대학교 명예교수
중앙승가대학교 법인이사
대한불교조계종 수미정사 주지

사경본 한글역
대방광불화엄경 제2권

| 초판 1쇄 발행_ 2020년 8월 24일

| 엮은이_ 수미해주
| 엮은곳_ 수미정사 불전연구원
| 편집위원_ 해주 수정 경진 선초 정천 석도 박보람 최원섭
| 편집보_ 동건 무이 무진 김지예

| 펴낸이_ 오세룡
| 펴낸곳_ 담앤북스
　　　　서울특별시 종로구 새문안로3길 23 경희궁의 아침 4단지 805호
　　　　대표전화 02)765-1251　전송 02)764-1251　전자우편 damnbooks@hanmail.net
　　　　출판등록 제300-2011-115호
| ISBN_ 979-11-6201-244-4　04220

이 책은 저작권 법에 따라 보호받는 저작물이므로 무단전재와 복제를 금합니다.
이 책 내용의 전부 또는 일부를 이용하려면 반드시 저작권자와 담앤북스의 서면 동의를 받아야 합니다.
이 도서의 국립중앙도서관 출판예정도서목록(CIP)은 서지정보유통지원시스템 홈페이지(http://seoji.nl.go.kr)와
국가자료공동목록시스템(http://www.nl.go.kr/kolisnet)에서 이용하실 수 있습니다. (CIP제어번호: CIP2020030132)

정가 10,000원
ⓒ 수미해주 2020